Dictionnaire des idées obligées

DU MÊME AUTEUR

chez le même éditeur

Tartuffe au bordel, 2012.

Supplique à Gorbatchev pour la réhabilitation de Staline, 1991.

chez d'autres éditeurs

Marie-Jeanne, une vie française, Éditions Alphée, 2011.

Curieuse, l'Éditeur, 2010.

Manuel de résistance à l'art contemporain,
Éditions Jean-Cirylle Godefroy, 2009.

Je t'appartiens, Éditions du Rocher, 2007.

Éloge du cul (et autres textes),
préface de Jean-Jacques Pauvert, La Musardine, 2006.

Geneviève et Attila, Éditions L'Âge d'Homme, 2006.

Paris est un roman, Éditions L'Âge d'Homme, 2005.

Au miroir des femmes, Éditions L'Âge d'Homme, 2003.

Sacha Guitry,
avec André Bernard, Éditions L'Âge d'Homme, 2002.

La France clandestine, Éditions L'Âge d'Homme, 2001.

La France de Michel Audiard,
Éditions L'Âge d'Homme, 2000; Xénia, 2007.

Paris, ses rues, ses chansons, ses poèmes,
préface de Jean Dutourd, Éditions Molière, 2000.

Tirez sur l'architecte, Éditions L'Âge d'Homme, 2000.

On trouvera à la fin du présent volume
la suite des œuvres du même auteur.

Alain Paucard

Dictionnaire des idées obligées

le dilettante
7, place de l'Odéon
Paris 6e

ISBN 978-2-905344-40-3

À Remi Cabel
et Olivier Bailly.

« Avouons que, si aucune belle chose n'est resté ignorée, il n'y a pas de turpitude qui n'ait été applaudie, ni de sot qui n'ait passé pour un grand homme, ni de grand homme qu'on n'ait comparé à un crétin. »

GUSTAVE FLAUBERT, *Pensées.*

AVANT-PROPOS

IL ne doit guère exister beaucoup d'écrivains qui n'aient pas eu envie d'écrire leurs propres dictionnaires des idées reçues. Je suppose que seul un emploi du temps chargé les en a dissuadés. On croit que la rédaction d'un tel ouvrage nécessite des années de rédaction, de prises de notes et d'observations attentives. Or rien n'est plus simple que de rédiger un tel glossaire et, maintenant que c'est fait, je ne vois aucune raison de ne pas vendre la mèche.

Tout est déjà soigneusement mémorisé dans le cerveau. Il suffit de se mettre à sa table de travail, d'inscrire le premier mot et la première définition — qu'on trimbale depuis des années — et de suivre le mouvement. Cela s'écrit tout seul, tant la pression des diverses expressions contemporaines est grande.

Dans « un monde où tout va vite », tout devient encore plus vite une idée reçue, un lieu commun. On a à peine fini d'énoncer sa petite idée soi-disant originale qu'elle est déjà devenue une banalité. C'est là, sans doute, le plus grand drame de la pensée d'aujourd'hui.

Ce présent dictionnaire me semble différent de celui de mon prédécesseur. Somme toute, Flaubert ne fustigeait qu'un bourgeois symbolique et fort peu « social » : l'égoïste satisfait de lui-même (redoublement de pléonasme). Depuis, la coupure en deux s'est accentuée et aux idées reçues « de droite » s'opposent invariablement et avec constance les idées reçues « de gauche » (et vice versa). Au demeurant, cette apparente dichotomie est plutôt bénéfique puisqu'elle montre que les deux positions contraires possèdent chacune leurs éléments de vérité et qu'en dernière analyse on peut dire tout et son contraire, ce qui ajoute encore à la clarté du débat.

La vérité est simple : personne n'échappe à l'utilisation des idées reçues. Mieux : chacun détient les siennes, bien polies, bien façonnées et s'en sert comme un rempart ou comme un « cocon protecteur ». Il n'y a d'ailleurs aucune honte à se servir consciemment des idées reçues (mais, à l'évidence, il y en a à s'en servir inconsciemment, preuve d'un manque de rigueur intrinsèque) puisque cela repose. C'est pour avoir la paix qu'on répond par un lieu commun à une question oiseuse sur un sujet rebattu.

On serait presque tenté d'applaudir à chaque idée reçue puisqu'elle nous permet — et nous oblige — à rester sur le qui-vive. On pourrait en dire autant du poncif littéraire, lequel, par sa répétition, nous avertit de l'état de la langue et des idées. Mais ceci, « comme disait Kipling », est une autre histoire...

Arrive enfin le moment de clore son travail, de le rendre à l'éditeur et de le présenter au public. À quel moment se croit-on libéré de la nécessité de poursuivre ? La réponse est, là encore, fort simple. On s'arrête quand on ne s'amuse plus.

*Le signe * annonce que le mot qui le porte se trouve dans le dictionnaire.*

A

Académie française. 'Ils laissent vraiment rentrer n'importe qui.'

Afghanistan. Vietnam de l'Union soviétique. Les résistants vont être écrasés (1980). Les résistants vont submerger Kaboul (1988).

Alcoolisme. Suicide à petit feu.

Algérie française. 'Ils nous regrettent.'

Allen (Woody). Comprend si bien la psychologie féminine.

Amuser (s'). En bande, entre copains, en boîte, mais jamais seul. Voir *Masturbation*.

Anglaises. 'À nous, les petites Anglaises !'

Animal domestique. Compensation au manque d'amour dans la société moderne.

Anticonstitutionnellement. Le mot le plus long de la langue française.

Apostrophes. DÉSUET : 'Passer chez Pivot, ça fait vendre.'

Aragon (Louis). S'est toujours tu quand il fallait parler. Son silence complice. Un grand poète, mais un nain politique. Sa *femme, quelle emmerdeuse !

Architecture. Les idées de Le Corbusier étaient excellentes, mais elles ont été mal appliquées. On ne peut plus construire des maisons comme sous la Renaissance ou sous Louis XIV. CONTRAIRE : Les architectes devraient habiter dans les maisons qu'ils construisent.

Armée. La grande muette.

Armstrong (Louis). 'À force de souffler dans sa trompette (*sic !*), il avait attrapé des *cancers aux lèvres.'

Assassin. Vient de haschisch.

Au-delà. Personne n'est revenu pour en parler.

Audiovisuel. Évoquer le P.A.F (paysage audiovisuel français).

Aujourd'hui/Autrefois. Ce qui était valable autrefois ne l'est plus aujourd'hui. Voir *Morale, Pensée, École, Orthographe, Architecture. Peinture,* etc.

Automobile. N'est plus un *luxe. Les vrais riches n'ont pas de voiture. Tue plus que le *sida, mais moins que l'alcool.

Aveugle. Devenir aveugle, c'est terrible pour un peintre.

Ayatollah. Synonyme de dictateur spirituel : 'C'est un ayatollah.' 'Un ayatollah ménager.' 'Il y a trop d'ayatollahs dans la culture.'

B

Balkans. Une poudrière. La balkanisation : une erreur. Il ne fallait pas démembrer l'Empire ottoman. D'une manière générale, être contre le démembrement des empires.

Banques suisses. La maffia dirige tout. On y blanchit l'argent de la *drogue. Elles ont gardé le trésor de *guerre du F.N.L. algérien.

Baudruche. S'emploie pour les idées passées de mode et qui se dégonflent.

Beauce. Grenier de la France. Voir *Brie.*

Beethoven (Ludwig). Insister sur sa surdité.

Belges. Baudelaire est injuste. Ils acceptent très bien les histoires belges ; d'ailleurs, ce ne sont pas des histoires belges, mais des histoires de Flamands racontées par des Wallons.

Bible (la). Il y a tout dans la Bible, y compris des scènes érotiques. Le plus beau des livres, c'est l'Ancien Testament.

Bicentenaire. 'De voir tout le monde contre, ça me donne envie d'être pour.' 'Le défilé était très bien, mais pas à la *télévision.'

Boîte noire. Sitôt analysée, livrera son secret.

Boiteuses. Sont souvent de grandes baiseuses.

Bonheur. À portée de la main, mais on ne le voit jamais (ou trop tard).

Bordels. On n'aurait pas dû les fermer. Ils étaient un élément de la stabilité sociale. Les affaires s'y traitaient.

Brie. Grenier de la France. Voir *Beauce*.

C

Cachet (lettre de). Symbole honni de l'Ancien Régime.

Caisse noire. Celle du ministère de l'Intérieur, qui sert à rétribuer les indicateurs. Celle du patronat, qui subventionne les partis politiques. Ne pas confondre avec la *boîte noire.

Camembert. Les meilleurs sont les Lepetit. Regretter qu'ils soient trop salés.

Canard enchaîné (le) [hebdomadaire satirique paraissant le mercredi]. Une institution. Indispensable à une vraie *démocratie. 'On ne met pas Voltaire en *prison.'

Cancer. N'est pas une maladie honteuse. On peut le vaincre, mais il faut lutter. La médecine en guérit de plus en plus. CONTRAIRE : Ils ne trouvent rien.

Carte bleue. Pratique, mais c'est un piège. PHILOSOPHIE : 'C'est toujours de l'argent.'

Catholicisme. Admirer l'élan de foi qui avait permis l'érection des cathédrales. Préférer tout de même celui des origines.

Céline (Louis-Ferdinand). Un des plus grands écrivains du siècle, malgré ses idées.

Centre/Centrisme [politique]. Inexistant. Inconsistant. Appelé à disparaître. Plaisanter sur l'extrême centre.

Champagne. Reste le roi de la fête. Fait tourner la tête aux *femmes.

Chandler (Raymond). Très bien vu de le lire en anglais.

Chape de plomb. S'abat en général sur les peuples.

Chat. L'animal des écrivains. 'Les écrivains qui n'aiment pas les chats ne sont pas des bons écrivains.'

Cheval (facteur). Beaucoup plus de talent que bien des artistes actuels. [*Ne pas confondre avec le mouvement Dada.*]

Chèvres. Au début des années 70, les militants déçus partaient 'élever des chèvres en Ardèche'.

Chien. 'Plus je vois les humains, plus j'aime mon chien.' Ne pas donner de sucre aux chiens, ça les rend *aveugles.

Chiites. Musulmans intolérants. Voir *Sunnites*.

Chômage. Un drame. Le déplorer, mais il n'existe pas de solution miracle. CONTRAIRE : 'Quand on veut trouver du travail, on en trouve.'

Cigare. George Sand le fumait.

Cinéma. N'est plus un art à cause de la *télévision (qui le produit). La crise du cinéma, c'est la crise des scénarios (des sujets).

Cocu. On l'a tous été.

Cohue. Indescriptible.

Colonies. Réservoir de main-d'œuvre. Pillage des matières premières. Échange inégal. CONTRAIRE : 'Nous n'avons pas à en rougir.'

Combats. Souvent d'une extrême violence et parfois seulement sporadiques.

Communisme. Déplorer ses excès qui ne remettent pas en cause la justesse de la doctrine marxiste. Ne pas confondre le parti et le militant de base, qui est souvent un brave *homme. EXTENSION : *Jésus-Christ est le premier communiste.

Complot. 'Qui tire les ficelles ?' 'On nous cache quelque chose.' 'Ils'.

Convivial. Doit suivre obligatoirement 'déjeuner', 'dîner', 'repas', 'fête', 'soirée', *etc.* 'Ce sera convivial' remplace 'À la bonne franquette' ou 'Y aura de l'ambiance'.

Corps. Exiger la libre disposition du sien.

Couple. Insister sur les épreuves partagées, ciment du couple. L'harmonie du couple passe par une *sexualité épanouie (où chacun est à l'écoute du désir de l'autre). VIEILLI : Couple moderne.

Courrier. Peu sûr. Les lettres se perdent, sauf les factures. Évidemment, on embauche des *jeunes sans qualification pour trier le courrier.

Crimes. Odieux.

Crucifix. Comment font les *femmes pour faire l'amour devant un crucifix : elles le retournent contre le mur.

Cuisine (nouvelle). On ne se sent pas assez calé après le repas. Ne vaut pas la cuisine traditionnelle du bistrot parisien.

Cuissage (droit de). Les féodaux prenaient la virginité de la *jeune épouse des paysans avant que ceux-ci ne consomment le mariage.

Cul. Affirmer : 'Y a pas que le cul dans la vie.' Dans un deuxième temps, ajouter que cela aide.

Culpabilité. Un des complexes les plus répandus, essentiellement d'origine judéo-chrétienne.

Curés. *Aujourd'hui, sont plus à *gauche que bien des communistes. Regretter qu'on ne voit plus de curés en soutane, ce qui était pittoresque.

D

Danse moderne. On ne peut pas appeler ça de la danse.

Débat. Ne pas l'esquiver.

Décolonisation. Venue trop tôt.

Défense (arche de la). 'Il la faut voir de près.'

Démocratie. 'Pire des systèmes, à l'exception de tous les autres' (Churchill, le citer). Fragile. Une conquête.

Désinformation. Remplace omission ou mensonge.

Désordre. Effet de l'art. Les appartements des célibataires sont toujours en désordre.

Destin (le prendre en main). Se dit pour les peuples en lutte, les ouvriers en *grève, *etc.*

Dien Bien Phu. 'Qu'allaient-ils faire dans une cuvette ?'

Dieu. Constater lucidement que Dieu est *mort.

Divorce. Surtout dur pour les enfants.

Douceur. Angevine.

Drogue. C'est une véritable *guerre qu'il faut mener. On arrête les petits dealers, qui sont des victimes, mais on ne s'attaque pas aux gros bonnets. Le plus important, c'est la prévention.

Droite [politique]. La plus bête du monde est en France. Voir *Gauche.*

E

Eastwood (Clint). Facho. Macho. Victime probable d'un complexe de castration (ou d'impuissance), il remplace le pénis par son revolver. [*Se disait autrefois de John Wayne.*]

École. Fondée par Charlemagne. Subit une *mutation.

Écologie. *Aujourd'hui, tout le monde est écologiste. 'D'accord, mais pas sur tout.'

Écrit (c'est). Employer l'expression surtout pour de la littérature ennuyeuse. Voir *Nouveau Roman*.

Écriture. L'éjaculation de l'écrivain Voir *Manuscrits*.

Élections. Fonctionnement normal d'une *démocratie.

Enfants (rapts d'). Le plus odieux des crimes. Voir *Viol*.

Épinards. Rendent Popeye costaud et invincible.

Érotisme. Oui à l'érotisme, qui est raffiné, mais non à la pornographie, qui est vulgaire.

Espace (l'). Se le réapproprier. Se dit surtout chez les architectes, les graphistes (dessinateurs) et les scénographes (metteurs en scène de théâtre).

Ethnocide. Se dit pour les Indiens d'Amazonie. 'C'est la faute de l'autoroute.'

Europe. Repose-t-elle encore sur l'alliance franco-allemande, véritable épine dorsale ? Si elle s'unissait, elle dépasserait les deux superpuissances. On a mis la charrue devant les bœufs dans la construction européenne. 'C'est la mère Thatcher qui freine.' On remplace le *débat sur le grand dessein européen par un *débat sur les *quotas laitiers. Il fallait faire l'Europe : *a*) en 1914 ; *b*) en 1924 ; *c*) avec Hitler ; *d*) dans les années 60 (mais de *Gaulle s'y est opposé). L'Europe, mais quelle Europe ?

Expression (liberté d'). A ses martyrs : Socrate, le chevalier de La Barre. Voir *Homme (droits de l')*. Indispensable au fonctionnement d'une *démocratie. Le prix à payer : les idées vénéneuses prolifèrent. Une seule limite : la vie privée, sinon on tombe dans la diffamation.

F

Famille. On choisit ses amis, pas sa famille. CONTRAIRE : On y revient. C'est sacré. VIEILLI : Les deux cents familles.

Fascisme. Est toujours là, assoupi, n'attendant qu'un relâchement pour relever la tête. Le plus dangereux : le fascisme rampant (ou mou). VIEILLI : 'Du temps de Mussolini, les *trains arrivaient à l'heure.'

Faux-monnayeur. Philippe le Bel.

Féminisme. D'accord sur l'essentiel, mais la *femme ne doit pas être l'ennemi de l'*homme, seulement son complément.

Femme (libération de la). Des choses importantes ont été accomplies, mais il reste encore beaucoup à faire pour changer les mentalités.

Flaubert (Gustave). Surfait, sauf *Salammbô*.

Fleuve. S'écoule toujours majestueusement.

Florissant. Se dit du commerce, mais également des civilisations disparues (parce que florissantes).

Fonctionnaires. Ne fichent rien de la journée.

Football. *Sport roi. Dans les favelas brésiliennes, les gosses y jouent avec des boîtes de conserve.

Fortune. Sourit aux audacieux.

Four à micro-ondes. Grâce aux *surgelés, change la vie de la ménagère et du célibataire. Il existe une véritable gastronomie du micro-ondes. CONTRAIRE : Cancérigène. [*Ne pas faire comme cette dame qui avait mis son chat à sécher dans le four. Elle a fait un procès au fabricant. D'ailleurs, elle va le gagner.*]

Français (peuple). *Raciste.

Frappe (force de). *Aujourd'hui, tout le monde est pour. Voir *Gaulle (Charles de)*. VIEILLI : Bombinette.

Fric. Pourri et pourrit. Ne pas confondre avec l'argent, qui corrompt.

Froid. Un froid de canard. Ne pas confondre avec un temps de *chien. D'ailleurs, il fait souvent un temps à ne pas mettre un *chien dehors. MODERNE : À ne pas mettre un *nègre dehors.

Fruits. 'Mange la peau, c'est là que sont les vitamines' (années 30 à 65). 'Ne mange pas la peau, c'est plein de produits chimiques' (aujourd'hui). Le ver est dans le fruit.

G

Gainsbourg (Serge). Il est sale, mais quel artiste !

Gauche [politique]. La gauche la plus bête du monde est en France. Voir *Droite*.

Gaulle (Charles DE). Regretter 'amèrement' d'avoir été antigaulliste quand il était vivant. *Aujourd'hui, tout le monde est gaulliste.

Géographie. Les *Français ne la connaissent pas.

Golden (pomme). Souvent farineuse.

Goncourt (prix). 'Je l'achète tous les ans et, tous les ans, je suis déçu.'

Goulag. PLAISANTERIE : 'Si tu ne fais pas la vaisselle, tu iras au goulag', ou encore : 'L'archipel du goulash.'

Grenouilles. Dans l'Ancien Régime, les châtelains, pour dormir tranquilles, obligeaient leurs serfs à battre l'eau des douves afin d'empêcher les grenouilles de coasser.

Grèves. Compréhensibles dans le privé, mais pas dans la fonction publique, surtout dans les transports, à l'E.D.F. et à la Poste. 'Ils ont déjà la sécurité de l'emploi.'

Guerre. Terrible. Les *jeunes gens qui ne l'ont pas connue en parlent à leur aise. La pire est la guerre civile. Prendre un sourire supérieur quand on parle d''humaniser la guerre'. CONTRAIRE : 'Une bonne guerre, voilà qui leur ferait du bien.' 'On aura la guerre' (ton prophétique).

H

Halliday (Johnny). Bête de scène.

Histoire. Marche à reculons. S'accélère. Possède son *sens. Se gausser de la Nouvelle Histoire.

H.L.M. 'Facile de les critiquer, mais il fallait pourtant résoudre la crise du logement.'

Hollywood. Usine à rêves. Mecque du *cinéma. Nouvelle Babylone.

Homéopathie. On peut y recourir, à condition d'y croire. 'Si ça ne fait pas de bien, ça ne fait pas de mal.'

Hommes. 'Que les hommes sont bêtes !'

Homme (droits de l'). Notre bien à tous. La France, pays des droits de l'homme. Fragiles. Voir *Démocratie*. Ne pas oublier de parler des devoirs. Les pays où les droits de l'homme sont bafoués.

Homosexualité. L'assumer.

Humanité (l') [journal]. 'Belle lurette qu'il n'a plus rien à voir avec celui de Jaurès.'

Humour. Corrosif ou décapant.

I

Idées reçues. Tout le monde en énonce.

Imbéciles. Ceux qui ne changent jamais d'avis.

Immigration. Dénoncer les nouveaux négriers, les passeurs de main-d'œuvre clandestine, les marchands de sommeil.

Immigrés. Au cœur d'un *débat crucial. Une chance pour la France ? VIEILLI : Font les plus sales boulots que les *Français ne veulent plus faire.

Impérialisme. DÉMODÉ : Lutter contre tous les impérialismes.

Inflation. La juguler.

Informatique. Rentre rapidement dans les mœurs. Tout le monde doit s'y mettre. Les enfants sont les plus doués. Comment des écrivains peuvent-ils encore ne pas se servir d'une machine à traitement de texte ?

Intrigue. Obligatoirement fertile en rebondissements.

Islam. Il y a un islam tolérant.

Italien. Le plus beau mâle en *Europe.

J K

Japonais. En avoir peur. Ils travaillent plus que nous. Normal : les *Français ne pensent qu'aux vacances.

Jazz. Musique du peuple noir, pillée par les Blancs.

Jésuite. Faux cul.

Jésus-Christ. Un idéaliste. Le premier communiste. Un yogi. Précurseur des hippies. Certainement homosexuel.

Jeune On l'est de 7 à 77 ans. Voir *Tintin*.

Jeunesse. Promouvoir la jeunesse du cœur. 'Je connais des *jeunes qui sont vieux et des vieux qui sont *jeunes.'

Jouets. Préférer les jouets éducatifs (quand on est parent).

Jourdain (Monsieur). Nous pratiquons tous, comme Monsieur Jourdain, quelque chose sans le savoir.

Juifs. Ont beaucoup souffert.

Kafkaïen. Se dit d'un litige avec la Sécurité sociale ; éventuellement du système communiste.

Kalachnikov. L'arme de la révolution.

L

Lac. Citer Lamartine.

Lapsus. Significatif.

Lecture 'Pas le temps de lire. Après la journée de travail, les transports, les enfants dont il faut s'occuper, vous croyez qu'on a le temps de lire ?' Le regretter quand même...

Le Pen (Jean-Marie). Dit tout haut ce que bien des *Français pensent tout bas. Met le doigt sur les problèmes sans offrir de réelles solutions.

Lesbiennes. Sucent les *femmes mieux que ne le font les *hommes.

Liban. 'On n'y comprend rien. On cherche quelqu'un pour nous expliquer.'

Libéral. *Aujourd'hui, tout le monde l'est.

Liberté. S'arrête où commence celle des autres. POPULAIRE : 'Tant qu'on m' fait pas chier, ils peuvent faire c' qu'ils veulent.'

Louis XI. Enfermait ses ennemis dans des cages de fer.

Luxe. DÉMOCRATIQUE : Revendiquer le droit au luxe (*cf.* le magazine *Globe*).

M

Mai 68. Un vent de *liberté. La prise de parole. Changer la vie. Un espoir trahi. Retour à la normale ('C'est quand ils ont remis l'essence'). Rien ne sera jamais plus comme avant. CONTRAIRE : La plupart des soixante-huitards travaillent maintenant dans la *publicité. Les autres sont hauts fonctionnaires.

Maladies. Sont pour la plupart d'origine psychosomatique (stress, trépidante vie moderne, *etc.*).

Malheur. Si vite arrivé, surtout quand il est grand.

Manuscrits. Les enfants des écrivains. Voir *Écriture.*

Mao Tsé-toung ou **Mao Zedong.** A donné son bol de riz à chaque Chinois.

Marseille. Le Chicago français.

Masturbation. Qui ne s'est jamais masturbé ? *Aujourd'hui, on l'avoue. PSYCHOLOGIE : Auto-érotisme.

Maturité. Nécessaire aux œuvres et aux artistes.

Météo. 'Ils se sont encore trompés !' VARIANTE : 'Ils avaient pourtant annoncé du soleil !'

Métropolitain. La situation s'y dégrade. Comment lutter efficacement contre la délinquance ? La *police ne peut pas être partout.

Monde (le) [journal]. 'Je lis *le Monde.*' Préciser : 'Mais uniquement pour son supplément littéraire' (ou son programme de *télévision). CONTRAIRE : 'C'est devenu le *Journal officiel.*' 'Il faut bien acheter un journal.'

Montparnasse (tour). Belle, la nuit. On s'y est fait. Une réussite, mais qui n'est pas à sa place.

Monroe (Marilyn). Autre veuve du président Kennedy. PLAISANTERIE : La doctrine de Marilyn Monroe.

Morale. Ne pas confondre immoral et amoral. Subit une *mutation.

Mort. Délivrance. Enfin ! Ce sont ceux qui restent les plus à plaindre. Où est sa victoire ? Évoquer la fascination pour la mort (très littéraire).

Mort (peine de). Être contre, sauf pour les trafiquants de *drogue, les assassins d'enfants et les meurtriers de policiers (liste non limitative).

Mots. Peuvent tuer.

Moutons. Obligatoirement de Panurge. On ne trouve plus de mouton dans les boucheries, seulement de l'agneau. Seuls les musulmans mangent encore du mouton. VARIANTE : Pour trouver du mouton, il faut aller à Stains.

Musique. Langage universel.

Mutation. Nécessaire pour l'*école, la *morale, la *peinture, *etc.* Qui n'avance pas recule. Bon gré, mal gré, il faut marcher avec son *temps. Les grandes mutations en cours.

N O

Napoléon III. Napoléon le Petit ou Badinguet. Responsable de la défaite de 1870 (donc de la Commune). Rappeler les boutons de guêtre qui ne manquaient pas. Évoquer la désastreuse campagne du Mexique. A fait percer des boulevards dans *Paris pour réprimer les insurrections.

Nature. On ne peut pas lutter contre la sienne.

Nègres. Ont le rythme dans la peau. Grands enfants. Les plus doués soufflent dans des trompettes.

Névrose. On en a tous une.

Nourriture. Trop riche dans les pays développés alors que des enfants meurent de faim dans le tiers monde. On serait tous obèses sans exercice physique. Les Américains sont obèses à cause des hamburgers et du Coca-Cola.

Nouveau Roman. 'Je préfère lire de l'*histoire.' Voir *Roman moderne*.

Œil. Était dans la tombe et regardait Caïn. Ne pas oublier celui de Moscou.

Opéra. Avant tout, un spectacle populaire. Déplorer le plafond de Chagall.

Ordre. 'L'ordre règne à Varsovie' (hier et *aujourd'hui).

Orthographe. À la grande époque de l'*école laïque (rappeler l'abnégation des hussards noirs de la République), il n'y avait pas d'illettrés. Doit-on encore écrire avec la même orthographe à l'ère de l'*informatique. Rappeler que c'est du genre féminin. Même les grands écrivains font des fautes.

Oubli. Acte manqué.

P

Paris. Belle *ville, mais pas pour y vivre.

Patrie. Tout *homme y a droit. Les *juifs ont droit à une patrie (1947). Les Palestiniens ont droit à une patrie (1987).

Patronat. Prépare et porte des 'mauvais coups'. Rétrograde et passéiste, le patronat refuse de moderniser.

Peinture. A subi une *mutation sous les influences de la photographie (qui rend caduc le figuratif) et des nouvelles techniques audiovisuelles. Voir *Audiovisuel*. Doit-on encore peindre sur un chevalet à l'époque des images de synthèse ?

Peinture abstraite. Refuge de ceux qui ne savent pas dessiner. 'Tout le monde peut en faire autant, y compris mon fils qui a quatre ans et demi.'

Picasso (Pablo). Très surfait, sauf la période bleue.

Police. On est bien content de la trouver quand on en a besoin. CONTRAIRE : On ne la trouve jamais quand on en a besoin.

Politique. Tout est politique. Vient du grec *politis* qui signifie cité. Faire de la politique, c'est s'intéresser à la vie de la cité.

Prague (printemps de). Un espoir brisé. Les larmes des Tchèques, vingt ans après le coup de Prague et trente ans après l'entrée des Allemands. CONTRAIRE : Les Tchèques ne sont pas comme les Polonais qui se seraient battus. DÉSUET : Évoquer le destin de Dubcek, devenu concierge (ou jardinier).

Presley (Elvis). Était devenu énorme à la fin de sa vie.

Prisons. Sont devenues des hôtels trois étoiles. On ne va pas en prison pour regarder la *télévision. CONTRAIRE : La prison, c'est la privation de *liberté, et seulement ça.

Profits. Juteux et immoraux, s'ils proviennent de la spéculation.

Prostituées. *Femmes admirables qui font un métier courageux et qui rendent un grand service à la société. Sans elles, il y aurait beaucoup plus de *viols et de détournements de mineures. Comment font-elles pour se tenir des heures, à moitié nues debout, rue Saint-Denis, en hiver ? C'est une hypocrisie de les mettre en *prison. Bien des *femmes mariées, qui ont épousé un *homme par intérêt, sont plus des putes que la fille dont c'est le métier. Voir *Bordels*.

Provence. Le pays de la bonne humeur et du soleil.

Psychanalyse. Les découvertes de la psychanalyse. La révolution psychanalytique. Ne convient pas à tout le monde. On peut y recourir, mais à condition de trouver un bon psychanalyste.

Publicité. Nécessaire à l'économie de marché.

Q R

Quart d'heure. Toujours le dernier.

Quotas. S'emploie indifféremment pour les programmes de *télévision ou le lait.

❦

Racines. Retrouver ses racines. Indispensable pour comprendre d'où l'on vient, qui l'on est et où l'on va.

Racisme. Lutter contre, sans concession. On ne transige pas avec le racisme. Ne jamais relâcher sa garde. Voir *Fascisme*. CONTRAIRE : Nous sommes tous *racistes. Le racisme dure depuis le début des temps et il durera jusqu'à la fin. Les Arabes, les *Juifs et les Noirs sont plus *racistes que nous.

Raciste. 'Je ne suis pas raciste, mais...' 'J'ai d'excellents amis noirs' (ou arabes, ou *juifs, *etc.*).

Reagan (Ronald). Un cow-boy à la Maison-Blanche.

Réformes. Nécessité des réformes. Mais trop nuit. Ne pas confondre avec la Réforme.

Renault (ouvrier de chez). Donne la température du monde du travail. [*On ignore comment on la prend.*]

Révolution française. Positive, malgré ses excès. 'Vous n'allez tout de même pas nier les *droits de l'homme.' Parler des acquis. 'On ne peut pas jeter le bébé avec l'eau du bain.'

Roman moderne. 'Je préfère lire de l'*histoire.' Voir *Nouveau Roman.*

Roue. Les Incas ne la connaissaient pas. Cela ne les a pas empêchés de bâtir une civilisation.

S

Saint Louis. Rendait la justice assis sous un chêne (à Vincennes).

Saisons. Il n'y en a plus. Les expériences atomiques détraquent le temps (années 50-60). Il n'y a plus de couche d'ozone à cause des désodorisants (années 80).

Salomon. La justice de Salomon. L'enfant coupé en deux.

Santé. Dans la vie, le principal.

Sartre (Jean-Paul). S'est trompé toute sa vie, mais quel philosophe ! Il aimait les *femmes. Notre génération lui doit tant. CONTRAIRE : Ses pièces ont été jouées devant des officiers allemands.

Sens (bon). Souvent paysan. MODERNE : *Psychanalyse sauvage.

Série noire. Souvent meilleure que la série blanche de chez Gallimard.

Service militaire. Le préférer, la *mort dans l'âme, à l'*armée de métier, qui prépare un coup d'État fasciste.

Sexualité. L'aborder sans tabous. Elle a trop longtemps été réprimée par le judéo-christianisme. Il faut en parler à voix haute et à visage découvert.

Sexualité enfantine. Ne surtout pas réprimer la sexualité enfantine, ce qui occasionne des complexes. Freud a démontré que tout commence avec la lactation maternelle et les contractions du sphincter.

Shakespeare (Bill). On ne sait pas vraiment qui il était.

Show-biz. Les requins du show-biz.

Sida. N'était pas un fléau tant qu'il ne tuait que 'les *nègres, les pédés et les drogués'. Aujourd'hui, tout le monde est concerné. Les transfusés contaminés sont les plus à plaindre.

Simenon (Georges). Le Balzac (Honoré de) du roman policier.

Socialisme. Seulement à visage humain. Mais est-il possible ? Voir *Prague (printemps de)*.

Sodomie. *Aujourd'hui, on peut en parler sans tabous. Un plaisir comme un autre. N'est pas réservée aux homosexuels.

Solidarność. Le courage des Polonais. Regretter l'emprise de l'Église.

Soljenitsyne (Alexandre). Saluer son courage. Faire remarquer qu'il n'en est pas moins passéiste, chrétien et nationaliste.

Soviétiques (dirigeants). Les maîtres du Kremlin. On n'aimerait pas être à la place de Gorbatchev. Il faut le soutenir, qu'on le veuille ou non.

Spirituel. 'Le XXIe siècle sera spirituel ou ne sera pas' (attribué à Malraux).

Sport. Pourri par le *fric et les produits anabolisants. Ne pas confondre l'exercice physique (nécessaire) avec le sport spectacle, chauvin et xénophobe. Se gausser des sportifs en chambre, qui regardent un match de *football en buvant de la bière et en grignotant des cacahuètes.

Stars. Le crépuscule des stars. Le regretter. Sans stars, pas de Festival de Cannes réussi.

Statuaire. Toujours monumentale.

Suffrage universel. Voir *Démocratie*.

Sunnites. Musulmans tolérants. Voir *Chiites*.

Surgelés. Plus frais que frais. Libèrent le célibataire. Voir *Four à micro-ondes*.

Svastika. Les nazis n'en ont pas l'exclusivité. L'occasion de montrer ses connaissances en hindouisme.

T

Télévision. Une fenêtre ouverte sur le monde. Nocive pour les enfants et les adolescents, sauf les émissions culturelles.

Temps (marcher avec son). Le décliner soit sur le mode du regret (avec soupirs), soit sur le mode enthousiaste (avec triple point d'exclamation).

Tennis. On ne s'en passe plus depuis qu'on a compris les règles.

Terrorisme. Lèpre moderne. Exemple du *Liban. Peut arriver à chacun d'entre nous d'en être victime. Nous sommes tous en première ligne. C'est une véritable *guerre à mener.

Tintin. Lui préférer le capitaine Haddock.

Tractations. Souvent sordides.

Train. De hausses, de *réformes, de mesures, de vie. POLITIQUE : Prendre le train en marche.

Tsar. De toutes les Russies.

U V W

Ubuesque. Se dit pour une décision de l'Administration, éventuellement d'un chef d'État africain.

Utile. Voter utile. Pour Noël, offrir à ses enfants un cadeau utile, ou, tout au moins, qui joint l'utile à l'agréable.

Ville. Tentaculaire.

Vins. Les bourgognes sont hors de pris. Les bordeaux font rarement mal à la *tête ; c'est le vin du médecin. Les vins de Loire sont à la mode. Acheter directement son vin chez un petit propriétaire.

Vin blanc. Jamais sans seau à glace.

Viol. Le plus odieux des crimes. Voir *Enfants (rapts d')*.

Voyages. Forment la *jeunesse. *Aujourd'hui, à la portée de tous.

Wagner (Richard). Les nazis l'appréciaient.

Westerns. Les meilleurs sont *italiens.

Whisky. Possède un goût de punaise écrasée.

X Y Z

X (films). Permet aux *immigrés de ne pas succomber à la tentation du *viol.

Yalta (système issu de). A consacré la division de l'*Europe en deux blocs.

Yeux. Miroir de l'âme.

Yvonne (tante). C'est elle qui a fait interdire *la Religieuse* (le film de Rivette).

Zoo. 'Ils seraient plus heureux en *liberté.'

DU MÊME AUTEUR *(suite)*

Le Roi créole, Éditions L'Âge d'Homme, 1999.

La Crétinisation par la culture, Éditions L'Âge d'Homme, 1998.

Dutourd l'incorrigible, Flammarion, 1997.

Paris la ballade,
photographies de Louis Monier, Éditions L'Âge d'Homme, 1997.

Défense de la série B, Éditions L'Âge d'Homme, 1995.

Le Roman de Paris, Éditions du Rocher, 1993.

Rupture mode d'emploi, 77 lettres de rupture, avec Louise Leblanc, Stanké, Montréal, 1993 ; Lanore, Paris, 2007.

Le Cauchemar des vacances, Éditions L'Âge d'Homme, 1993.

Les Criminels du béton, Les Belles Lettres, 1991.

De la misogynie considérée comme un des beaux-arts, Acropole, 1990.

Célébration du whisky, Renaudot et Cie, 1988.

Éloge de la faiblesse, Robert Laffont, 1988.

Petit manuel du séducteur en campagne, Balland, 1987.

Lazaret, Éditions L'Âge d'Homme, 1986.

Gripari mode d'emploi, Éditions L'Âge d'Homme, 1985.

Carnets d'un obsédé, Éditions L'Âge d'Homme, 1984.

Guide Paucard des filles de Paris,
Pauvert/Garnier, 1983 ; Pauvert/Carrère, 1985.

Ma vie secrète par Joseph Staline,
Baudoin, 1979 ; Alexipharmaque, 2012.

Ce livre a été imprimé
en France par **ICN**

Mai 2019

Zone Industrielle des Saligues
98, rue Louis Rabier
64300 Orthez

05 59 69 77 80
icn@imprimerie-icn.fr

dépôt légal : 3e trimestre 1990

ORIGINE FRANCE® GARANTIE

BVCert. 6374991

IMPRIM'VERT® Votre imprimeur agit pour l'environnement